AF223502

LE TROISIÈME EMPIRE

PAR

L. DAUSSIGNY

PARIS

E. DENTU, LIBRAIRE-ÉDITEUR

PALAIS-ROYAL, 15-17-19, GALERIE D'ORLÉANS

—

1880

LE TROISIÈME

EMPIRE

PAR

L. DAUSSIGNY

PARIS

E. DENTU, LIBRAIRE-ÉDITEUR

PALAIS-ROYAL, 15-17-19, GALERIE D'ORLÉANS

—

1880

Tous droits réservés

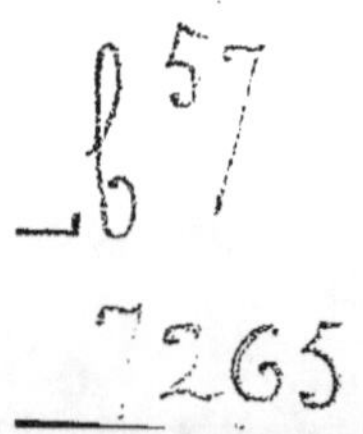

LE

TROISIÈME EMPIRE

I

Cet écrit n'a pas la folle prétention de contribuer au renversement de la République et au rétablissement de l'Empire. L'auteur croit sa plume fort incapable de changer quoi que ce soit aux destinées des peuples. Mais, observant, ce qui se passe chaque jour sous ses yeux il veut montrer comment la République tombera fatalement en se renversant elle-même, et par quelles circonstances l'Empire sera la conséquence naturelle de cette chute.

Peut-être lui reprochera-t-on de vouloir témérairement prophétiser l'avenir. Ce n'est point son intention. Il n'a que des déductions à tirer des événements qu'il voit s'accomplir tous les jours, — déductions fort simples, comme on pourra le voir par la suite. On pensera peut-être qu'il connaît les secrets de l'Etat et que sa position lui donne le droit de parler de choses aussi graves. Non. Il n'a nul mystère de la politique à dévoiler, car il n'est rien autre chose qu'un simple électeur et un non moins simple contribuable. Ses idées n'ont rien d'extraordinaire ; elles sont celles d'un grand nombre de ses semblables, électeurs et contribuables comme lui. Il est vrai qu'en ce moment, dans les hautes régions gouvernementales, on se soucie fort peu de tous ces gens-là ; pourtant, comme leur humble avis au moment des élections aura une importance capitale, il n'est pas sans intérêt de juger les événements à leur point de vue particulier.

C'est pourquoi, avant d'entrer dans le vif de la question, il convient d'exposer rapidement ce que sont ces électeurs, maîtres, à un moment donné, des destinées de l'Etat, et de donner un aperçu succinct de la statistique de la France au point de vue politique.

Il existe dans notre pays trois grands partis : les impérialistes, les monarchistes et les républicains. Entre les gens qui composent chacun de ces partis on distingue à la vérité une foule de nuances. Parmi les républicains, par exemple, il y a les modérés ou centre-gauches, les opportunistes, les radicaux, etc., etc. Mais ces partis et leurs nuances sont trop connus pour qu'il soit nécessaire d'entrer dans aucun détail à leur sujet. Ce qu'il importe de faire remarquer, c'est que, si ces partis ont parfois dans leur sein des discussions violentes, ils sont toujours parfaitement unis et compacts quand il s'agit de combattre les autres. En réalité, si les Français ont une multitude d'opinions politiques différentes, ils n'ont que trois points de ralliement distincts.

Pourtant, ce serait une grave erreur de croire que toute la nation française fût groupée autour de ces trois partis.

Les hommes qui composent un parti, c'est-à-dire qui le soutiennent dans la bonne comme dans la mauvaise fortune, ont tous une raison pour le faire. Les uns, c'est par conviction, dévouement ou reconnaissance ; les autres, c'est par ambition, entraînement, haine ou vanité. Mais il est beaucoup de gens pour qui tous ces motifs n'existent pas, et, dans ce pays de suffrage universel, les électeurs dont l'opinion est parfaitement ancrée ne forment qu'une faible minorité. Sur les dix millions d'électeurs qu'il y a à peu près en France on n'en compte certainement pas plus de trois ou quatre millions au plus qui soient les partisans déclarés d'un parti.

Les six millions d'électeurs qui restent forment une classe spéciale qui vit loin des affaires, ignore généralement ce qui se passe et se détache le plus souvent des choses politiques. Cette classe est composée de presque tous les paysans, des bourgeois et des commerçants des petites villes ; des fermiers, des petits propriétaires ; en un mot, de tous ceux pour qui la politique n'est ni une carrière, ni une occupation, ni un sentiment.

A vrai dire, pourquoi tous ces gens-là se lanceraient-ils dans un parti pour s'attirer les déboires, les rancunes, les contrariétés de toutes sortes que cela procure sans avoir le moindre espoir d'en retirer aucun avantage. Aussi restent-ils la plupart du temps en dehors de toute politique, comme cela se voit dans certaines élections.

Cependant, ils n'en sont pas aussi complétement désintéressés qu'ils en ont l'air ; seulement, ils ne l'envisagent qu'au point de vue de ce qui les touche particulièrement. Ils jugent un gouvernement d'après le degré de bien-être qu'ils sont à même d'acquérir. Tant qu'ils ont l'ordre et la tranquillité nécessaires à la marche prospère de leurs affaires, ils sont généralement pour le gouvernement établi ; mais, dès qu'ils souffrent ou qu'ils se croient menacés, ils le combattent. Leur intérêt est leur seul guide. Parfois les passions, les folles promesses des intrigants, le hasard des événements leur font abandonner le parti qui a fait leur bien, — souvent un rien peut les faire varier, — mais la moindre souffrance les ramène aussitôt.

C'est ainsi que la majorité des électeurs n'a pas d'opinion politique et n'appartient à aucun parti ou plutôt appartient successivement à tous. De là ces revirements subits, ces changements fréquents dont nous avons l'exemple si souvent. Suivant les circonstances, cette foule indécise et flottante vient tour à tour se ranger autour de tel ou tel parti, s'y incorporer comme des recrues dans les cadres d'une armée et par son concours lui assurer la victoire.

Bien des gouvernements ont eu le tort de ne pas s'occuper,

quand ils étaient au pouvoir, de cette classe si inconstante et si mobile. C'est en réalité par elle que tout se fait, c'est pour elle que tout doit être fait, car cette classe c'est le peuple. Non pas, comme on cherche à le faire entendre quelquefois, la populace des grandes villes, amas ignobles de gens corrompus et avilis, ayant toutes les passions brutales et toutes les cupidités basses du vice, mais le peuple français, c'est-à-dire cette classe intermédiaire, sorte de tiers-état compris entre les grands privilégiés de la fortune et la tourbe des faubourgs, — dans laquelle se trouvent aussi bien le commerçant aisé que le petit cordonnier, le riche cultivateur que l'humble gardeur de troupeaux, — qui travaille obscurément à la richesse générale et qui, par son labeur, donne à la France sa grandeur la plus certaine.

Ce sera toujours dans ce sens que le mot peuple sera employé.

Ceci posé, voyons comment la République s'est établie en France pour la troisième fois.

Elle est sortie d'une émeute en un jour de malheur. La politique de « fou furieux » — dont M. Gambetta semble avoir compris aujourd'hui toute l'inanité — ayant plongé le pays dans un abîme de misères, celui-ci se jeta dans les bras du parti monarchique et une majorité de députés de ce parti fut élue. Quelques mois plus tard la Commune complétait l'effondrement de la République.

Naturellement, après avoir réglé les questions si douloureuses de la paix, l'Assemblée nationale songea à une restauration monarchique. M. Thiers — qui savait bien que le comte de Chambord n'appellerait jamais près de lui l'homme qui fit emprisonner la duchesse de Berry, sa mère — y mit quelques temps obstacle ; mais, bientôt renversé, les portes de la France furent ouvertes à la maison de Bourbon réconciliée.

Au moment de monter sur le trône, le comte de Chambord refusa la couronne sous un vain prétexte de drapeau. Il écrivit une de ces belles lettres de paladin d'un autre âge, digne d'admiration au point de vue du lyrisme des idées et de la beauté des expressions, mais qui plongea dans la désolation ses serviteurs les plus dévoués, et jeta le trouble le plus complet parmi eux.

On ignore ce qui serait arrivé si le comte de Chambord fût devenu roi de France; pourtant, il est douteux qu'il ait pu gouverner un pays sur lequel, d'après ses écrits, il paraît avoir des idées aussi inexactes.

Tout espoir étant perdu pour les partisans de la monarchie, il ne resta plus aux représentants de la majorité qu'à s'accommoder tant bien que mal de la République. En honnêtes gens qu'ils étaient ils firent une constitution destinée à sauvegarder l'État des envahissements de la démagogie et à permettre au pays de réparer ses malheurs. Un Sénat de même esprit que la Chambre fut élu, et, grâce aux talents des gens éclairés qui détenaient le pouvoir, grâce à l'honorabilité des fonctionnaires et des magistrats, la machine gouvernementale fonctionna régulièrement et une tranquilité passagère régna parmi nous.

Goûtant une paix relative sous un gouvernement qui portait officiellement le nom de République, le peuple crut à la possibilité de ce gouvernement et devint républicain. Tout naturellement, aux élections de février 1876, il nomma des députés de cette opinion, lesquels faisaient, d'ailleurs, les plus belles promesses.

Peut-être cette Chambre aurait-elle bien vite dégoûté le pays de la République si l'entreprise la plus folle et la plus insensée n'était venue lui créer de nouveaux partisans. On fit dissoudre cette Chambre avant, il faut bien le dire, qu'elle n'eût fait aucun mal, entravée qu'elle était, du reste, par l'action du Sénat conservateur. Alors le peuple, qui n'avait pas encore souffert de la République, mais souffrant des perturbations causées par la politique hésitante des hommes du 16 mai, accentua encore ses tendances vers les idées républicaines. Le 14 octobre 1877 une majorité de députés de ce parti fut envoyée à la Chambre. Les conseils généraux et municipaux furent peuplés, en beaucoup d'endroits, de républicains. Enfin, au renouvellement partiel du Sénat, au mois de janvier dernier, la même opinion triompha encore.

Ainsi la République a été fondée par ceux-là même qui sont les ennemis déclarés de cette forme de gouvernement. Aujourd'hui elle est établie sans conteste. Tout est entre les mains de ses partisans. Sauront-ils la défendre ou la laisseront-ils tomber ? C'est d'eux en ce moment que dépend son sort et celui du pays.

Triste République ! malheureux pays !

Ah ! grand Dieu ! La partie était aussi belle que possible pour les républicains ! Ils semblaient vraiment les protégés de la Providence. Au milieu de leurs adversaires terrassés ils étaient forts et puissants : acclamés par une grande majorité d'électeurs, qui pouvait lutter contre eux ? Était-ce le parti légitimiste abandonnant lui-même la partie ? Était-ce l'Empire, dont on semblait avoir oublié les bienfaits, et qui, accablé d'injures, était, véritable bouc émissaire, chargé de tous les malheurs dont il était loin d'être aussi responsable qu'on voulait bien le dire ? Toutes les rancunes se taisaient Malgré les terribles expériences déjà faites sur la République, la nation attendait les actes des nouveaux gouvernants pour les juger. La France, lasse des agitations politiques, ne demandait qu'un peu de calme pour pouvoir se remettre au travail et panser les blessures qu'elle avait reçues. Tout concourait à rendre la route aisée et la tâche facile.

Comment les républicains ont-ils su profiter de la situation qui leur était offerte ? Ont-ils su faire aimer cette république qu'ils ont charge de soutenir ? Comment ont-ils tenu toutes les brillantes promesses qu'ils avaient faites ? Comment ont-ils dirigé et administré le pays ? De quelle manière ont-ils traité les affaires de l'Etat ? Quel effet ont produit dans la pratique ces théories si brillantes émises jadis quand il s'agissait de critiquer les autres ? Parler sur toutes choses, dans un café, en buvant des bocks et en culottant des pipes, est facile. Autre chose est de gouverner.

Examinons donc quelques-uns des actes et des projets de la République depuis que les républicains sont les arbitres de nos destinées, et voyons si le bonheur de la France — bonheur tant promis — en est ou doit être la conséquence.

II

La première chose qui devait attirer l'attention des hommes au pouvoir, c'était la question de finances et le budget.

Ce budget, qui en 1880 est évalué, tant pour les dépenses ordinaires que pour les dépenses extraordinaires, à près de quatre milliards, est complétement anormal et beaucoup trop lourd. Les contributions nécessaires pour faire face à ces charges imposent au pays une gêne qui arrête en partie l'essor naturel du progrès. Il serait donc nécessaire d'alléger autant que possible les impôts de toute nature qui pèsent sur le contribuable.

Les frais utiles au service de notre dette ne pouvant être diminués que fort difficilement, il était donc indispensable de réduire autant que possible les dépenses ordinaires des ministères ; de réviser, afin de mieux en équilibrer le poids, les impôts établis à la hâte par l'Assemblée nationale pour faire face aux nécessités survenues tout-à-coup ; et surtout éviter de créer des dépenses extraordinaires à l'État.

Ce n'est pas ce qu'on a fait.

Les dépenses ordinaires des ministères se sont élevées en cinq ou six ans de plusieurs centaines de millions. Et pour ne citer qu'un fait, les fonctionnaires de la République coûtent cinquante-quatre millions de plus que ceux de l'Empire. L'administration en est-elle mieux faite ? Loin de là. D'ailleurs, il eût été patriotique de la part des républicains qui remplissent les fonctions publiques de ne pas accepter des augmentations de traitement au moment où la France est si obérée. Mais ils ont là-dessus, sans doute, la même théorie que pour la charité et trouvent que patriotisme bien ordonné commence par soi-même.

De la réforme des impôts on ne se préoccupe guère. Pourtant les contributions indirectes ont besoin de modifications urgentes. Les droits qui grèvent les boissons sont beaucoup trop élevés, et ceux qui pèsent sur les sucres sont une des causes principales de la décadence de cette industrie. Quelquefois un député propose une loi à ce sujet, mais il est à peine écouté et la chose traîne singulièrement en longueur. Ces questions ne sont pas amusantes et il est beaucoup plus divertissant d'interpeller le ministère, d'invalider un collègue ou de faire des charivaris comme ceux qui ont égayé plusieurs fois déjà les séances de la Chambre, que de discuter sur les betteraves ou les vins.

Mais tout cela n'est rien, et c'est le moment où la France aurait tant besoin d'économies que les républicains choisissent pour imaginer de nouvelles dépenses et créer à l'Etat des charges encore plus considérables que celles qu'il a déjà. Parmi ces nouvelles dépenses, les plus importantes sont celles causées par les lois sur l'enseignement et les chemins de fer de l'Etat. L'examen de ces deux questions est assez intéressant pour qu'on s'y arrête un moment.

Les lois sur l'enseignement ont toujours été le grand cheval de bataille des républicains. Tout le monde connaît leurs théories à ce sujet et cette fameuse instruction gratuite, laïque et obligatoire. Dès qu'ils ont eu le pouvoir ils ont fait appliquer ce système.

Partout, en effet, on établit la gratuité de l'enseignement primaire; partout on fait une guerre à outrance aux institutions religieuses et les frères sont expulsés. Bientôt le projet de loi Paul Bert va rendre l'instruction primaire obligatoire. Enfin les fameuses lois Ferry, après avoir été votées par la Chambre, ont encore la sanction du Sénat à recevoir. La recevront-elle? Cela tiendra à bien des circonstances. Quoi qu'il en soit, si la République dure, les congrégations qui se livrent à l'enseignement seront atteintes par les lois Ferry ou autrement, car « guerre au clergé », tel est le mot d'ordre des républicains.

Il est inutile de démontrer ce qu'il y a de ridicule à vouloir faire conduire des enfants à l'école par des gendarmes sous un gouvernement qui inscrit le mot de liberté sur tous les murs; ce qu'il y a de mauvais dans cette gratuité générale qui n'a pour résultat que de faire payer tout le monde, notamment les ouvriers pauvres, qui, de tout temps ont envoyé leurs enfants à l'école gratuitement et qui, maintenant, sont obligés de payer sous forme d'impôt une certaine somme variant selon l'importance de la commune; enfin, ce qu'il y a de profondément contraire à la justice, d'antilibéral et d'absurde à vouloir priver du droit d'enseigner des hommes jouissant de tous leurs droits civils et politiques, égaux en un mot à tous les citoyens, pour cette seule raison qu'ils appartiennent à une congrégation religieuse, alors surtout que l'on veut proclamer la liberté absolue d'association. Des écrivains de mérite, des orateurs de talent ont fait depuis longtemps justice de tout cela.

Ce qu'il importe seulement de faire ressortir ici, c'est que toutes ces mesures vont enlever au corps enseignant un personnel considérable. Des milliers de maîtres ne se reformeront pas en huit jours. Quel trouble en résultera-t-il pour l'éducation des enfants! Rien que pour l'instruction primaire, si les frères expulsés brusquement par les municipalités républicaines n'avaient pas ouvert de nouvelles écoles grâce à la charité privée, il est probable que la moitié d'une génération ne saurait pas lire.

D'un autre côté, quand on aura fermé tous ces colléges de jésuites et de dominicains, il faudra les rouvrir. Il sera nécessaire de construire de nouveaux bâtiments, de payer ces nouveaux professeurs qui, s'ils ne sont pas bons, n'abandonneront pas leurs traitements pour cela. Que de millions cela va coûter à l'État, car naturellement ce sera l'État qui paiera.

A vrai dire, en cela les républicains n'ont considéré qu'une chose : se rendre populaires et répandre les idées républicaines dans les mœurs, en mettant les enfants entre les mains de leurs partisans. Leur but sera-t-il atteint ? Il est permis d'en douter. Les persécutions n'ont jamais fait aimer les gouvernements qui s'y sont livrés, les opinions politiques n'entrent pas dans la tête des gens à coups de férule, et en admettant — ce qui est loin d'être exact — que ces persécutions religieuses soient une chose populaire, l'augmentation des impôts, qui en est la conséquence, est assurément fort impopulaire.

Ainsi, de tout cela, le plus clair est un trouble dans l'éducation des enfants et une augmentation du budget.

Si la question de l'enseignement, qui atteint chacun dans sa liberté et dans sa conscience, passionne beaucoup les esprits, la question des chemins de fer de l'État, pour ne pas attirer, à cause de son aridité, l'attention de la foule, n'en est pas moins grave au point de vue économique.

Le cadre trop restreint de cette brochure ne permet pas d'entrer à ce sujet dans beaucoup de détails. Pourtant, il est nécessaire de dire quelques mots de ces projets dont les républicains font tant de bruit ; car c'est un de leurs moyens les plus perfides pour capter la popularité et dont les conséquences peuvent être des plus funestes pour le pays.

Jusqu'à présent, la construction des lignes de chemins de fer avait été confiée à des compagnies qui faisaient les frais de premier établissement, et qui, après avoir exploité ces lignes

pendant un certain temps, devaient en rendre la propriété à
l'État. Ce système avait le double avantage : premièrement, de
ne faire débourser par l'État ni les sommes énormes que coûtent la construction des chemins de fer, ni les déficits occa-
sionnés par les premières années d'exploitation ; et, en second
lieu, de faire arriver gratuitement, à un moment donné, entre
les mains de l'État une source immédiate de revenus à la
place d'une cause de dépenses.

On va bouleverser tout cela. C'est l'État qui construira les
chemins de fer, et pour commencer on a fait voter par les
Chambres un nouveau réseau de 17,000 kilomètres qu'on se
propose d'exécuter en six ans.

· Cela paraît merveilleux au premier abord ; mais il n'est pas
besoin d'un examen bien attentif pour voir que tout cela n'est
que de la poudre jetée aux yeux de la foule. La construction de ce réseau est évaluée à environ 7 milliards. Ajoutez
à cela les déficits énormes qu'il donnera pendant fort longtemps, et vous verrez combien de centaines de millions
viendront s'ajouter chaque année aux charges du budget.
Et c'est dans un pays déjà beaucoup trop obéré qu'on veut
agir de la sorte. Ou bien ces projets ne sont qu'un leurre,
ou bien, s'ils sont mis à exécution, ils commenceront par
ruiner le pays, qu'ils sont destinés à enrichir.

Mais là ne se bornent pas ces projets déplorables sur les
chemins de fer. On veut encore faire racheter par l'État
toutes les Compagnies déjà existantes. De quelle utilité vraiment cela peut-il être pour le pays ? A quoi bon, d'abord,
racheter une chose qui doit tout naturellement revenir un
jour à l'État ? L'exploitation des chemins de fer n'est-elle
pas bien faite au gré du public ? Enfin, en supposant — ce qui
n'est pas probable — que l'État fasse les mêmes bénéfices que
les Compagnies, en profitera-t-il ? Non, puisqu'il faudra indemniser les actionnaires ou leur garantir au moins les mêmes
dividendes que leur donnaient les Compagnies.

On allègue comme avantages la possibilité de diminuer les

frais de transport et de favoriser par là l'industrie. Mais avec cette obligation d'indemniser les actionnaires, il sera nécessaire, pour combler le déficit causé par cette diminution, de puiser dans les caisses du Trésor. Alors, dans ce cas, l'industrie paiera sous forme d'impôts ce qu'elle ne paiera plus sous forme de transport. Voilà tout ce qu'elle y aura gagné.

C'est que, là encore, le véritable but est l'intérêt du pays. Ce que l'on veut surtout, c'est avoir à sa disposition un personnel considérable et un grand nombre de places où on mettra tous les amis qui n'ont pu trouver place dans les préfectures, sous-préfectures, etc. Si cela se réalise, la politique se mêlera à cela. Au lieu de prendre des hommes compétents pour être chefs de gares, on prendra tous les ratés, tous les fruits secs qui ornent le parti républicain ; et il est probable que, ce jour-là, les trains seront précipités les uns sur les autres et les voyageurs mis en pièces par milliers. Le jour, a-t-on dit fort bien, où les chemins de fer seront entre les mains de la République, on ira de Paris à Bordeaux en diligence.

On voit donc qu'il en est de même pour les chemins de fer que pour l'enseignement. Même but réel, même résultat, c'est-à-dire augmentation du budget.

Puisque les républicains ont tant besoin d'argent, on pourrait croire au moins qu'ils cherchent à favoriser le dévelopement de la richesse nationale. Mais, hélas ! cette richesse dont la France est si fière est aujourd'hui gravement atteinte. Les sources de la fortune publique sont dans le plus grand péril. Personne n'ignore les crises que traversent en ce moment le commerce, l'agriculture, l'industrie et la marine marchande. Le travail français perd tous les jours des sommes énormes. Les tableaux officiels des douanes sur les importations et les exportations ont accusé, en 1878, un déficit de plus d'un milliard et, en 1879, il a atteint 1,431,747,000.

Cela n'est-il pas épouvantable. Il y a longtemps que les Chambres auraient dû s'occuper de cela. L'industrie, le commerce et l'agriculture se trouvant dans des conditions variant sans cesse par suite de l'état économique des autres pays, ont besoin de réformes constantes dans la législation qui régit ces matières. Depuis de longs mois, l'amnistie, la subvention de l'Opéra, la loi sur la chasse, etc., ont arrêté la discussion des tarifs de douanes et des traités de commerce. Enfin, le rapport de la commission est prêt. Mais, hélas! combien de millions sont déjà perdus! Combien d'autres ne perdrons-nous pas avant que ces questions ne soient tranchées!

Voilà de quelle manière les républicains ont organisé et traité toutes les affaires de finances. Au lieu de ménager les deniers de l'Etat, on a vu certains de nos députés et de nos sénateurs prêter leur nom à des affaires plus ou moins véreuses où leurs titres devenaient des amorces pour les pauvres imbéciles qui viennent se faire dévaliser dans ces coupe-gorges financiers.

A côté des questions de finances il en est une autre plus importante peut-être, et qui exigerait à la tête du gouvernement français des hommes de la plus haute intelligence, d'une prudence extrême et éminemment habiles. Cette question, une des plus brûlantes de ce temps-ci, c'est la politique extérieure.

Ce qui, sur ce point, doit surtout fixer notre attention, c'est notre terrible voisine et ennemie l'Allemagne. Elle a beau répéter qu'elle a pour nous les meilleurs sentiments, il n'en est pas moins vrai qu'elle nous hait. Après la campagne de 1870, elle a été toute surprise et irritée de nous trouver encore debout et plus riches qu'elle. Les vainqueurs ont envié le sort des vaincus. La pauvreté, voilà la plaie de l'Allemagne. Son armée la ruine. Tous les ans le budget allemand accuse des déficits; tous les ans il faut des tiraillements extrêmes pour arracher aux Chambres allemandes les impôts dont on a besoin. Il faut à tout prix que l'Allemagne s'enrichisse, sinon elle perd son armée et avec elle sa puissance.

M. de Bismarck le sait bien, et tous ses efforts tendent là. Il sait bien surtout que c'est seulement le commerce et l'industrie qui donneront à son pays cette richesse qui lui manque. S'il a pris l'Alsace, n'est-ce pas à cause de ses manufactures? S'il établit en Allemagne la protection, n'est-ce pas parce qu'il croit ainsi contraindre l'industrie allemande à se développer! Mais cela ne suffit pas. Une industrie ne se crée pas en six mois et l'armée allemande pourrait être détruite avant que les usines fussent édifiées.

Ce qu'il faut à l'Allemagne, c'est une industrie toute faite, ce sont surtout des ports qui lui font absolument défaut, et il y a tout près d'elle deux petits pays qui lui donneront tout cela et que M. de Bismarck convoite depuis longtemps. Ce qu'il veut, c'est la Hollande avec ses ports et sa marine, c'est la Belgique avec Anvers, avec son industrie florissante et ses mines de houille. Qui sait si ses vues ne se portent pas aussi sur nos départements du nord, ces belles contrées si fertiles et si prospères, véritable patrie du travail et de la richesse. Qui pourrait affirmer qu'il ne songe pas aux Flandres françaises, avec Boulogne et Calais?

Evidemment, ces prétentions mettront contre lui deux pays : la France d'abord et l'Angleterre. S'il ne redoute pas la guerre, il craint la défaite, et, seul contre ces deux nations, la victoire serait tout au moins incertaine. C'est pourquoi il vient de faire une alliance avec l'Autriche, et c'est là un coup de maître. Par cette alliance il est prépondérant dans la question d'Orient, et, suivant les circonstances, lançant la Russie contre l'Angleterre, il peut forcer celle-ci à envoyer ses forces dans la mer Noire et la contraindre à nous abandonner complétement. Alors, quand nous serons seuls et isolés, il nous déclarera la guerre sous un prétexte quelconque. Pour lui, faite avec l'appui de l'Autriche, l'issue de cette guerre n'est pas douteuse.

Tels sont les projets qui s'agitent dans la vaste tête du terrible chancelier allemand.

Il est clair que notre intérêt était d'empêcher l'alliance

austro-allemande à tout prix. Ce que M. de Bismarck a fait nous aurions dû le faire. Mais nos diplomates n'en cherchent pas si long. Le traité entre l'Allemagne et l'Autriche a été discuté au nez et à la barbe de notre ambassadeur à Vienne sans qu'il s'en soit seulement aperçu.

Puisque nous avons été joués en cette circonstance comme des enfants, au moins faudrait-il tâcher d'arrêter les conséquences de cette alliance. Ce que nous devons faire avant tout c'est de conserver la paix, car c'est cette paix armée qui usera la puissance de l'Allemagne. Or, ce ne sont ni les courbettes ni les bassesses de notre part qui conserveront cette paix. M. de Bismarck a tout intérêt à nous faire la guerre. Une seule chose peut l'en empêcher, c'est la crainte d'être battu, et cette crainte ne lui viendra que s'il nous voit une alliance forte et sérieuse.

Il est précisément un pays dont, à cause de sa position géographique, les intérêts ne sont presque jamais opposés aux nôtres. Ce pays c'est la Russie, dont l'alliance a toujours été le but de la politique française. Napoléon Ier l'avait bien compris quand il avait signé à Tilsitt un traité secret avec l'empereur Alexandre. Or, en ce moment, la Russie ne voit pas sans une grande inquiétude l'alliance austro-allemande à ses portes et sur plus d'un point elle est en froid avec l'Allemagne. Elle aurait donc avantage à avoir un allié, et son alliance, qui nous serait si nécessaire, elle vient, pour ainsi dire, nous la proposer elle-même.

Eh bien, le croirait-on, cette alliance, — notre seul espoir de conserver la paix, qui, quand bien même elle ne nous garantirait pas de la guerre, en pourrait au moins changer l'issue et ramener la victoire sous les drapeaux français, qu'elle a déserté, — cette alliance, on la refuse, et on cherche, au contraire à rapprocher la Russie de l'Allemagne.

Devant de pareilles choses on ne peut que s'écrier : Que Dieu
protége la France ! C'est notre seul espoir.

On pourrait croire au moins, en cette fâcheuse circonstance,
que, puisque les républicains, par leur diplomatie, ont mis la
France dans une situation si critique, ils cherchent au moins
à lui donner toutes les chances possibles de se défendre en faisant de l'armée l'objet de leurs sollicitudes les plus vives.

Il n'en est pas ainsi. Cette armée, la sauvegarde de notre
indépendance nationale, est, comme tout le reste, sur le point
d'être complétement désorganisée. La loi sur les sous-officiers a
déjà fait partir tous les vétérans. Le projet de loi tendant à réduire
le service militaire à trois ans est, de l'avis de tous les hommes
compétents, ce qui peut être le plus nuisible. Tout esprit mili-
faire disparaîtra, et au lieu de soldats on aura des hommes la
plupart du temps fort indisciplinés. Ainsi, tous les efforts faits
depuis neuf ans, tout l'argent dépensé, n'auront abouti qu'à
mettre notre armée à la merci de lois fabriquées par des
avocats.

C'est que là, comme partout ailleurs, les républicains ont eu
plus de souci de leurs propres affaires que de la patrie. Ils
peulent républicaniser l'armée et ils savent bien que, sur ce
point, la besogne est dure. Les vieux officiers et sous-officiers n'ont
pas oublié que, après avoir langui de longs mois dans les pri-
sons d'Allemagne, ils ont eu en rentrant dans leur patrie à
combattre contre des républicains qui les ont fusillés et mitrail-
lés, et naturellement ils n'ont pas conservé pour ce nom une
bien grande sympathie. On cherche donc à éliminer ces
hommes, qu'on désespère de convaincre ; on cherche surtout à
faire que les recrues placées sous leurs ordres y soient peu
soumises. Il s'agit bien plus, en un mot, d'avoir une armée pour
défendre la République que pour défendre la France.

La démoralisation commence, du reste, à se glisser dans l'armée. Le service de la patrie est une corvée et non une gloire. Les injures que le gouvernement, impuissant à réprimer, laisse vomir sur les troupes par les hordes communardes graciées et réhabilitées jettent le discrédit sur l'état militaire. Bientôt, si cela se continue, toute discipline disparaîtra et, à la place de ces brillantes armées qui ont fait l'honneur, la gloire et la force de la France, nous n'aurons que des bandes en armes qui coûteront fort cher et ne seront bonnes à rien.

Il est inutile de pousser plus loin cette nomenclature. Il serait facile de démontrer les inconvénients des diverses mesures prises déjà ou proposées par les républicains ; de faire ressortir, par exemple, quels troubles résultent, dans les administrations, de ce qu'on appelle sans doute par antiphrase l'épuration des fonctionnaires; quel peu de garantie il y aura dans l'exercice de la justice lorsqu'on aura porté atteinte à l'inamovibilité de la magistrature; quelle inquiétude cause le retour des tristes partisans qui ont pris part à la Commune, — inquiétude déjà grande aujourd'hui, mais qui ne fera que croître si l'amnistie plénière vient ramener les chefs de cette coupable insurrection. — Enfin, on pourrait aisément examiner la conduite des républicains et y trouver plus d'une faute grave. Les exemples cités ci-dessus prouvent que ce n'est pas à des accusations vagues qu'ils sont exposés, mais que ce sont des faits positifs et certains qui parlent.

III

Ce qui frappe le plus dans tous les actes des hommes qui nous gouvernent aujourd'hui, c'est cette préoccupation unique et constante du maintien et de l'établissement de la République. Tout doit être sacrifié à cela. Ils n'agissent que pour flatter les mauvais sentiments de la foule, croyant développer par là dans le cœur de la nation les sentiments républicains. Leur seul but est d'établir et au besoin d'imposer la République.

La raison de cette manière d'agir est bien simple. Ainsi que l'a dit M. Thiers, « la République fait toujours surgir un personnel déplorable, vulgaire, ignorant, inexpérimenté et violent. »

La plupart de ces gens-là n'ont tous vu dans le pouvoir qu'un moyen de se procurer des jouissances et n'ont fait que peu d'attention aux devoirs qu'il impose. La République n'est pas pour eux une forme particulière de gouvernement, elle représente à leurs yeux de gros traitements, des honneurs, du luxe, des plaisirs, des fêtes.

Ils laissent donc de côté tous les travers et tous les soucis du pouvoir, et ne veulent sortir de leur bien-être que lorsqu'ils le croient menacé. Voilà pourquoi ils s'agitent et ne font que de la politique.

Non-seulement leur calcul est coupable, mais encore il est absolument faux.

Il n'y a pas trente-six manières de fonder et de rendre stable un gouvernement. Il n'y en a qu'une. C'est de le faire aimer de la nation. C'est de rendre le peuple heureux. Or, ce ne sont ni les agitations, ni les intrigues de la politique, ni les viles flatteries des mauvaises passions qui amènent ce résultat. On meurt de politique, a dit un homme d'Etat, et on vit d'affaires. Cela est vrai. Ce sont les affaires qui font le bonheur du pays.

Mais, vous disent les républicains, tout est pour le mieux

dans le meilleur des mondes possible. Le peuple a la République et cela le met au comble de ses vœux. Il y a un mois, on lisait encore dans leurs journaux que le peuple était parfaitement heureux. L'explosion de misère qui vient de se faire d'un bout de la France à l'autre se charge de leur répondre.

Ils objectent à cela que cette misère provient d'une mauvaise récolte et de la rigueur de l'hiver. Est-ce qu'il n'y a pas eu sous d'autres régimes de mauvaises récoltes et des hivers rigoureux? Pourtant on ne voyait pas cet accumulement de souffrances que nous avons aujourd'hui, en somme, au début de l'hiver et après six semaines de froid.

Non, la misère actuelle tient à d'autres causes. Elle vient de ce que tout ce qui sert à satisfaire les besoins des hommes est dans le plus triste état.

L'industrie est dans une situation des plus critiques. Les manufactures de coton, à Rouen et dans le Nord, renvoient la moitié de leurs ouvriers et ne travaillent plus que trois ou quatre jours par semaine. Les coutelleries de Châtellerault, les sucreries du Nord sont dans le même cas. A Lyon, les deux tiers des métiers à tisser la soie sont arrêtés. Et ainsi partout.

Partant de là, le commerce ne marche plus. Les transactions sont de plus en plus rares et de plus en plus difficiles. Personne n'ose se lancer dans les grandes affaires de peur de ne pas pouvoir en sortir. Le nombre des faillites s'accroît de jour en jour.

L'agriculture n'est pas plus florissante. Bien des fermiers ruinés abandonnent leurs terres faute de pouvoir continuer à les cultiver. Les salaires des ouvriers des campagnes ont diminué de moitié sur l'année dernière et le travail manque dans beaucoup d'endroits.

Et le peuple est malheureux, non parce qu'il pleut ou qu'il neige, mais parce que personne — aussi bien le grand industriel que le plus modeste ouvrier — ne gagne plus d'argent.

D'où viennent ces désastres de l'industrie, de l'agriculture et du commerce. Ils viennent de ce que les questions de législation qui régissent ces matières sont complétement négligées; de ce que les affaires commerciales ont besoin de calme et de confiance, et que la politique actuelle éloigne complétement ce calme et cette confiance; de ce que, dans ce grand mécanisme de la vie sociale, les affaires privées ont sans cesse besoin du concours d'une bonne administration, et que, cette bonne administration faisant complétement défaut, il en résulte un grand nombre d'entraves.

Ce n'est pas l'hiver, qui ne s'occupe pas des tarifs de douanes ce n'est pas la récolte qui fait revenir les criminels qui ont incendié Paris; ce n'est pas le froid qui a placé dans bien des administrations des fonctionnaires incapables. C'est la Répu blique qui est cause de tout cela.

Ajoutez à cela toutes les haines, toutes les mauvaises passions soulevées par cette guerre religieuse; la délation, l'espionnage introduits partout et empêchant les fonctionnaires timides de faire leur devoir et de veiller sur la sécurité publique.

Voilà bien des misères dont la responsabilité incombe à ceux qui nous gouvernent. Si tous ceux qui s'étalent dans les préfectures et dans les ministères allaient dans les campagnes, ils verraient leur ouvrage. Ils verraient tous ces ouvriers errant en quête de travail, et qui, n'en trouvant pas, s'en vont à pied, sous la pluie et la neige, de ferme en ferme, couchant dans les fenils et nourris par la charité des paysans. Il n'est pas de ferme isolée et perdue au fond des bois qui ne voie passer chaque jour deux ou trois de ces malheureux. Quel total pour toute la France! Comment, au milieu de tous ces ouvriers sans pain, distinguer les vagabonds et les criminels en rupture de ban? Aussi, les incendies, les attaques à main armée, les vois se multiplient d'une façon effrayante et la plupart du temps restent impunis,

_

Et pourtant ceux qui sont à la tête du gouvernement, en ce moment, sont ce qu'il y a de plus intelligent, de plus éclairé, de mieux dans le parti républicain. Non-seulement ils n'ont pas su bien faire les affaires du pays, mais toute leur politique, toutes leurs intrigues n'ont abouti qu'à les mettre dans l'impossibilité de se maintenir au pouvoir. Le cabinet Waddington, après s'être cramponné à toutes les branches et les avoir vues céder les unes après les autres, a fini par tomber. Le cabinet Freycinet sera-t-il plus heureux ? Pas le moins du monde. M. Gambetta lui-même, qui, plus malin que confiant dans son génie, s'obstine à rester sur son fauteuil présidentiel, prendrait le ministère, qu'en peu de mois il serait renversé. Car il est absolument impossible de gouverner avec la Chambre actuelle. La majorité n'existe plus, l'Assemblée est divisée en trois partis et n'importe lequel aura toujours contre lui les deux autres. Un ministère de centre gauche ou de gauche aurait contre lui l'extrême gauche et la droite, et un ministère d'extrême gauche serait combattu par la droite et le centre gauche. Avec cela, un Sénat indécis, inclinant tantôt d'un côté, tantôt de l'autre, un président de la République honnête homme, mais sans initiative. Tel est le gâchis dans lequel, après un an de pouvoir, se trouve le gouvernement de la République. Il n'y a qu'un moyen d'en sortir, auquel tôt ou tard il faudra arriver : c'est de dissoudre cette Chambre et de faire de nouvelles élections.

Alors, de deux choses l'une :

Ou le peuple, déjà las de la République, enverra à la Chambre des députés de droite, et la République sera renversée, car il est probable que l'exemple de l'Assemblée nationale leur servira de leçon.

Ou bien le peuple renommera des députés républicains, et

nous aurons alors la République radicale. Pourquoi, dira-t-on? Parce que il y a toute une couche de républicains âpre et cupide qui veut aussi mordre au gâteau du pouvoir. Parce que, enfin, la République modérée est usée, finie, impossible et que, si la République dure, elle ne peut être que radicale. Arrière les Grévy, les Waddington, tous les idéologues hésitants. Place aux radicaux, aux Vallès, aux Rochefort, qui au moins, eux, savent ce qu'ils veulent.

Or, si les hommes d'aujourd'hui n'ont déjà causé que trop de maux, que faut-il attendre de ceux dont les théories politiques et gouvernementales peuvent se résumer en ces deux mots célèbres : Flambez finances !

Dans tous les cas, sous l'une et l'autre de ces Républiques, le peuple souffre. Quand il souffre, il s'en prend à celui qui le fait souffrir. C'est logique. Donc, il se détachera de la République avec autant de facilité qu'il s'y est rallié, ainsi qu'il a été dit au commencement de cet écrit. Comme il est la force et que sa volonté est toujours exécutée, la République sera renversée. Dans combien de temps ? Par quelles circonstances particulières? Ce sera-t-il aux prochaines élections ou aux suivantes? Sa chute sera-t-elle violente ou sans secousse? Nul ne peut le dire.

Du reste, l'expérience a déjà été faite deux fois : lisez l'histoire. Voyez quels malheurs ont causé la tyrannie de Robespierre et l'incurie du Directoire ; voyez ce qu'ont fait du pays les hommes de 1848 et leurs discussions stériles. Aussi, deux fois la nation s'est-elle soulevée contre la République, qui a été renversée sous le poids de l'opinion publique. C'est le peuple tout entier qui a fait le 18 Brumaire et le 2 Décembre.

En ce moment on fait une troisième expérience de la République. Les mêmes faits se reproduisent : les mêmes conséquences suivront, parce qu'aux mêmes causes succèdent toujours les mêmes effets.

IV

Quand le peuple aura renversé la République, il ira porter ses suffrages vers un autre parti ; il lui demandera d'alléger ses souffrances et il le mettra au pouvoir. Quel sera ce parti ? Evidemment la Monarchie ou l'Empire, puisqu'en dehors de la République il n'y en a pas d'autre. Les orléanistes se sont confondus avec les légistimistes, et il n'existe pas de général vainqueur capable de former un parti nouveau.

Ce ne sera pas la Monarchie, au moins pour trois raisons.

La première, c'est que la Monarchie est un gouvernement aristocratique. Le chef de ce parti, M. le comte de Chambord, ne cache pas à ce sujet sa manière de voir et, du reste, il a parfaitement raison. La Monarchie ne peut exister qu'à la condition d'être un gouvernement aristocratique.

Est-elle autoritaire et absolue ? Comment, tirant son autorité du droit divin, contraire au droit du peuple, pourra-t-elle maintenir cette autorité si elle n'a pas près d'elle, pour la soutenir, une aristocratie assez forte sans laquelle, faible et isolée, elle est à la merci d'une poignée de factieux, ainsi que cela s'est produit, en 1830, quand le roi Charles X a voulu faire acte d'autorité.

Est-elle parlementaire et constitutionnelle ? Sa faiblesse est encore plus grande. Si elle n'a pas une aristocratie attachée par intérêt à sa constitution monarchique, comment formera-t-elle une Chambre haute qui sauvegardera cette constitution et la personne du roi. Sans cette Chambre haute absolument sûre, fidèle et surtout forte, l'existence de la Monarchie sera remise en question à tout propos et elle s'écroulera au moindre changement d'opinion, comme cela est arrivé à la Monarchie de Juillet.

Le tort des partisans de la Monarchie, c'est de croire qu'ils forment une aristocratie. Ils ont bien conservé les élégances et les grands noms d'autrefois, mais ce n'est là qu'une aristocratie de salon. Ce qui constitue une véritable aristocratie, une aristocratie politique, ce sont les priviléges accordés à une certaine classe par droit de naissance; c'est la fortune territoriale immobilisée presque tout entière entre les mains de cette classe par les majorats et le droit d'aînesse, etc., etc. Ceci n'existe pas chez nous. La France est un pays dont les mœurs, les lois et la constitution sociale sont essentiellement démocratiques. Par conséquent, un gouvernement aristocratique est absolument incompatible avec notre pays.

La seconde raison, c'est qu'un gouvernement ne peut pas revenir tout seul. Il faut qu'une force quelconque lui mette le pouvoir entre les mains. En France, le droit divin, sur lequel s'appuie la Monarchie, n'est qu'un principe, une foi; le droit du peuple seul est une force. Ce n'est pas le droit divin qui abattra la République, c'est le suffrage universel, et c'est lui qui donnera le pouvoir à un autre gouvernement.

Il est vrai que les monarchistes n'admettent pas ce suffrage le trouvent une chose détestable. Ne discutons pas. Bon ou mauvais, il existe. Les monarchistes sont les seuls qui l'aboliraient s'ils étaient au pouvoir et, comme ils n'y sont pas, le suffrage universel seul pourrait les y porter. Or, est-il admissible que le suffrage universel acclame ceux qui sont précisément ses ennemis déclarés? Est-il admissible surtout que le suffrage universel, expression de la volonté du plus grand nombre, institution démocratique par excellence, aille rappeler un gouvernement aristocratique?

Du reste, ce gouvernement est absolument impopulaire par cette raison. Le peuple ne veut pas de la Monarchie parce qu'elle n'est et ne peut être que le retour de l'aristocratie et des priviléges, dont il a horreur.

Enfin, la troisième raison vient des circonstances toutes spéciales dans lesquelles se trouve en ce moment-ci le parti monarchiste. Le chef incontestable et incontesté de ce parti, M. le comte de Chambord, ne veut pas régner. Des circonstances inouïes ont presque placé la couronne sur sa tête. Il a refusé. Un pareil hasard ne se présentera plus pour lui. Il ne renonce pas, il est vrai, à ses prétentions ; mais calme, et digne dans son château de Frosdhorff, il attend patiemment, comme dans un rêve, la réalisation d'espérances chimériques qui réduisent son parti à l'impuissance. Les monarchistes sont forcés, avant d'entreprendre et d'espérer quoi que ce soit, d'attendre la mort de ce prince. Comme tout donne lieu de supposer que M. le comte de Chambord sera parfaitement bien vivant au moment où la République sombrera, il est probable que les monarchistes en seront réduits au simple rôle de spectateurs des événements.

Quelques gens disent bien que le duc d'Aumale se séparera du comte de Chambord et tentera de rétablir la monarchie par un coup d'État. Ceux qui disent cela oublient une chose. C'est que l'union fait la force ; et, si le parti monarchiste uni, compact, est déjà faible, combien cette faiblesse ne s'augmentera-t-elle pas par la division ! De plus l'action de se séparer du comte de Chambord après l'avoir solennellement reconnu pour le chef de leur maison serait, pour les princes d'Orléans, une félonie qui, en leur enlevant leur caractère honnête et bourgeois, leur enlèverait le peu de popularité qu'ils peuvent avoir.

Enfin, on ne fait pas un coup d'Etat comme cela. Demandez aux hommes du 16 Mai. Un coup d'Etat, c'est le renversement violent d'un gouvernement par un homme ou un parti aidé et soutenu par le peuple tout entier. Quand Bonaparte alors simple général a fait le 18 Brumaire, la France entière se serait fait tuer pour lui. On ne peut se faire une idée de l'enthousiasme qu'excitait le jeune vainqueur d'Italie et d'Egypte. Il faut lire tous les détails que donnent à ce sujet les mémoires du temps. On ne parlait que de Bonaparte, on ne voulait que Bonaparte. Est-il rien de semblable pour le duc d'Aumale ? Une entreprise de ce genre tentée par lui échouerait aussi misérablement que celle tentée, il y deux ans, par MM. de Broglie, Buffet e t Mac-Mahon.

V

Ainsi donc, si le peuple, détaché de la République ne va pas vers la monarchie qui donc acclamera-t-il, sinon l'Empire? Egaré par de folles promesses, il a pu s'en éloigner, l'abandonner, l'insulter même ; mais pareil à l'enfant prodigue, il reviendra bien vite à lui.

Le peuple reviendra à l'Empire, parce qu'il saura bien que l'Empire seul pourra le sauver, comme il l'a fait en 1851, du désordre et de l'anarchie où l'auront conduit l'incurie et les mauvaises passions des républicains.

Le peuple reviendra à l'Empire, parce que, au milieu des souffrances de la République, il se souviendra des jours de richesses, de prospérités et de splendeurs de l'Empire.

Le peuple reviendra à l'Empire, parce que, continuellement contraint, gêné par ce qu'on appelle la liberté de la République, il sentira que l'autorité est nécessaire dans un grand pays. Il sait fort bien que ce qu'on lui dit être la tyrannie de l'Empire n'est de la tyrannie que pour les agitateurs, les perturbateurs, et n'est au contraire que la vraie liberté pour les gens honnêtes, calmes et travailleurs. Enfin, le peuple reviendra à l'Empire parce que, démocrate, il veut un gouvernement démocratique et que l'Empire est le gouvernement qui lui convient le mieux. La société française, telle qu'elle existe aujourd'hui, a été faite pour l'Empire comme l'Empire a été fait pour elle.

On dit que la France moderne est fille de la Révolution. Ce n'est pas vrai! La Révolution a détruit une société, un ancien état de choses; mais elle n'a rien fondé. Des 11,210 décrets rendus par la Convention, que reste-il aujourd'hui? Que reste-t-il des Constitutions de 89 et de l'an III. C'est comme si l'on disait que les démolisseurs d'une vieille maison sont les architectes du palais bâti à la place.

La France moderne est fille de l'Empire. Notre état social a été façonné par ce génie qui a illuminé le monde au commencement de ce siècle. L'Empereur — il se servait souvent de cette comparaison — est arrivé en France comme sur une table rase. Il a créé une société et il a donné à cette société un gouvernement en rapport avec ses mœurs et ses besoins. Tout cela a été réglé avec une précision, un ordre et un entendement admirables par ce géant, et les pygmées de nos jours sont impuissants pour changer quelque chose à cet édifice. Tout ce qui nous environne aujourd'hui porte encore la trace de la main de Napoléon.

Il a organisé les grands corps de l'État et les pouvoirs publics sur les bases qu'ils conservent encore. Il a créé le Conseil d'État, la Cour des comptes, etc., etc. Il a établi le Concordat pour limiter d'une façon précise les droits du clergé et de l'État. C'est sous son inspiration personnelle qu'ont été rédigés les cinq Codes qui règlent la position sociale des citoyens et leurs rapports avec l'État et entre eux. Il a fait construire des routes, des canaux ; il a protégé l'industrie et sous son influence les sucreries de betteraves, les manufactures de coton se sont établies, les soieries de Lyon ont pris un nouvel essor ; enfin il a donné à la fortune publique, détruite par la banqueroute des assignats, des moyens de se reconstituer. Il a fait commencer l'exécution du cadastre, sur laquelle est basée la perception de l'impôt, etc., etc.

Enfin l'Empereur a réglementé l'usage d'une liberté sage et d'une égalité vraie qui, sans lui, serait dégénérée en licence et que nous aurions bientôt perdue. C'est bien réellement lui qui a porté aux anciennes sociétés un coup terrible. La preuve en est dans l'acharnement qu'ont mis à le combattre toutes les vieilles monarchies et dans la peur que sa personne inspirait. Cette terreur était si grande que pendant qu'il agonisait à Sainte-Hélène, M. de Châteaubriand disait à la Chambre : « Qu'on mette la redingotte grise et le petit chapeau de Napoléon au bout d'un bâton sur la côte de Brest, et l'Europe entière éperdue courra aux armes. » Cet hommage d'un ennemi au génie de Napoléon n'est pas un des moins beaux qui lui aient été rendus.

Voilà pourquoi l'Empire remplacera la République.

On objecte en vain que la mort du Prince impérial a divisé le parti impérialiste, et qu'à la suite de cet événement beaucoup de gens s'en sont détachés, que le nouveau chef de ce parti est impopulaire et qu'il n'a aucunes chances.

Ce sont les ennemis du parti impérialiste qui disent cela. Jamais ce parti n'a été plus uni, plus confiant dans l'avenir. S'il pleure la mort prématurée de l'infortuné Prince impérial, cette mort, si belle et si glorieuse, a du moins prouvé au monde qu'il est toujours des héros dans la famille Bonaparte. Depuis quand, d'ailleurs, les belles actions éloignent-elles les foules? Combien, au contraire, cet événement terrible, cette triste fin d'un jeune homme de vingt-trois ans n'a-t-elle pas attiré de sympathies vers cette famille et ce parti, et touché le cœur de gens indifférents jusque-là!

Quant au Prince Napoléon, c'est un homme extrêmement ntelligent, dans la force de l'âge et de l'expérience. Il comprend parfaitement tous les devoirs que sa position lui impose. Il connaît toutes les finesses de la politique. Il sait attendre les fautes de ses adversaires, et certes elles ne lui manqueront pas. Enfin, grâce à son habileté, dans les circonstances difficiles où nous nous trouvons, il est capable de donner à son parti une direction ferme et sûre mieux que n'aurait pu le faire un jeune homme.

Ceux qui disent qu'il est impopulaire, ne font pas attention au nom qu'il porte. Qu'ils aillent dans toutes les campagnes de France, c'est-à-dire chez plus de dix-huit millions de Français, ils verront quel prestige magique possède encore le nom de Napoléon.

Car il plane encore au-dessus des villages et des chaumières, le souvenir immortel de l'épopée impériale. Les hommes d'aujourd'hui sont les fils et les petits-fils des soldats de la grande armée. Ils ont été bercés, ils ont été élevés avec les récits de cette grande époque. Pendant leur enfance, ils ont entendu, tous les soirs, à la veillée leurs pères ou leurs grand-pères raconter les hauts faits de l'empire, et ces héros qui étaient entrés en vainqueurs dans tant de capitales en avaient long à dire.

Ils parlaient de l'ardeur des combats et de l'ivresse de la victoire. Ils parlaient de Montenotte, Lodi, Arcole, Marengo, Austerlitz, Iéna, Friedland, Wagram... Ils parlaient surtout de lui, du grand Empereur. Ils disaient comment, à Tilsitt, ils l'avaient vu marcher avec une suite de rois ; comment il exerçait une sorte de fascination autour de lui. Ils disaient aussi, comment cet homme, devant qui l'Europe tremblait, savait oublier sa grandeur pour se rapprocher d'eux et leur parler familièrement ; comment il les soutenait ; comment il les encourageait par ses proclamations ; comment, par sa présence il les rendait invincibles ; comment, au milieu de la bataille, sans le voir, ils sentaient qu'il était là, car alors il semblait qu'un souffle de tempête passait sur les bataillons ennemis.

Il n'est donc pas étonnant que de tels récits aient laissé de l'enthousiasme dans le cœur des générations actuelles: Les souvenirs d'enfance s'oublient peu et les hommes de nos jours ont reçu de leurs pères un peu de cet amour immense que les soldats de la grande armée avaient pour leur chef. Ceux-ci croyaient que l'empereur pouvait les sauver de tous les maux. Les habitants des campagnes ont conservé pour le nom de Napoléon une sorte de croyance mystérieuse, de sentiment presque religieux, comme si ce nom avait un pouvoir surnaturel.

Quand le peuple aura souffert de la République, comme cela est inévitable, ce sentiment engourdi peut-être encore aujourd'hui se réveillera. L'Empire lui apparaîtra comme un Sauveur, et c'est pour cela que le nom de Napoléon sortira encore une fois des urnes électorales !

On serait bientôt convaincu de cette vérité si, au lieu de

chercher à s'éclairer sur la politique en écoutant les péroraisons des députés, des ministres et des puissants du jour, on allait interroger le pays et lui demander ce qu'il pense des événements. L'opinion du peuple, c'est la force, c'est la cause ; les ministres, les députés ne sont que l'effet.

Janvier 1880.

Paris. — Imp. Balitout, Questroy et Cᵉ, 7, rue Baillif.

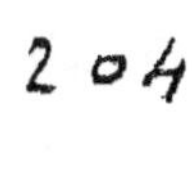

www.ingramcontent.com/pod-product-compliance
Lightning Source LLC
Chambersburg PA
CBHW051352060726
47596CB00005B/1889